Herzflamme – wenn die Seele spricht

Kristina Katana

Herzflamme

Wenn die Seele spricht

„Das Beste, was du für die Welt tun kannst,
ist das Beste aus dir zu machen.“

Walles D. Wattles

Bibliografische Information der Deutschen Nationalbibliothek:
Die Deutsche Nationalbibliothek verzeichnet diese Publikation in der Deutschen Nationalbibliografie; detaillierte bibliografische Daten sind im Internet über http://dnb.ddb.de abrufbar.

Buchtitelgestaltung Bild und Schriftzug
Kristina Katana – universalpower@gmx.de
Das Titelbild „Herzen in Feuer“
Bildnachweis: iStock.com/Pobytov
Stock-Illustration ID: 173829062

ISBN 978-3-96103-272-3

www.rediroma-verlag.de
12,95 Euro (D)

Danke,
Tibor Jakabovics, für Deine einzigartigen Essenzen.
Deine Gabe hat meine Gabe erweckt.
Möge alle Welt fühlen, dass diese Essenzen
unserem höchsten Wohl dienen.
Möge die ganze Welt vor Begeisterung sprühen.

Kristina Katana

Inhaltsverzeichnis

Kurz Vorweg

Ich bin dankbar.
Blicke ich kurz auf mein bisher gelebtes Leben, wird mir klar, dass ich schon immer meine innere Stimme gehört und außersinnliche Wahrnehmungen hatte.
Bis ich jedoch meiner inneren Stimme bedingungslos vertraute, war es noch ein weiter Weg.

Nachdem ich 2010 die ersten Texte empfing, folgten 2015 die ersten Gedichte.
Ich hatte keine Ahnung, dass sie der Anfang der Wende meines Lebens sein sollten.
Bis Ende 2016 kamen immer wieder neue Gedichte dazu.
Sie änderten im Laufe des Jahres ihre Frequenz.

Besonders in Zeiten, in denen ich verzweifelt war, alles ausweglos erschien, ich mich einsam und unverstanden fühlte, habe ich die Gedichte immer wieder gelesen, eine Tonaufnahme gemacht und sie mir angehört.
Es war, als würde ich durch eine höhere Kraft gelenkt.
Ich durfte mir meiner Selbst bewusst werden.
Eine magische Unterstützung.
Ich schöpfte Mut und Vertrauen.
Ich fand meinen Mittelpunkt und änderte die Perspektive.
Ich hörte auf zu beurteilen und wurde zur Beobachterin.
Es war ein mentales Workout.
Endlich befand ich mich auf dem Weg zu mir.

Wann immer ich Unterstützung brauchte, schlug ich wahllos eine Seite auf und fand genau das, was ich gerade brauchte.
Es ist, als spräche meine Seele zu mir.
Die Texte und die Gedichte sind in und mit mir.
Sie verleihen meiner Transformation Flügel.

Mögen sie es auch für Dich tun.

In tiefer Dankbarkeit

Kristina Katana

Herzflamme

Du kennst mich nicht
aber gleich
öffne Dein Herz
und werde reich

mach es weit
und höre zu
denn
das bist Du

ich bin Du
und sprach zu Dir
ich hab eine Bitte
folge mir

lasse Gedanken Gedanken sein
sie machen Dich eng
sie machen Dich klein

hör mir zu
und fühle mich
schließe die Augen
entspanne Dich

atme tief und
sinke ein

in Dich
in mich
sei mein

sieh
das ist das Paradies
ganz tief
fühl jetzt in Dich hinein
es eröffnet sich
Dein Sein

alles fließt
und alles schwingt
und Dein Herz
es singt

jede Zelle beginnt zu beben
der ganze Körper erwacht zum Leben
auch der Geist und alle Sinne
vibrieren aus der tiefen Stille

Kraft erwacht wie nie zuvor
aus dem Herzen tritt sie hervor
und das was Du wirklich bist
ja ich weiß
Du hast es vermisst

jetzt ist es da
es ist geboren
und Dir wird klar
Du bist auserkoren

mit Deinem Strahlen
wird der Raum hell und klar
in Deiner Nähe
ist es wunderbar

es ist kraftvoll und zart
von besonderer Art
es ist Wärme pur
Frohnatur
es ist Fülle und Macht
Schöpferkraft

jeder kann es fühlen
jeder kann es sehen
und alle
wollen mit Dir gehen

es ist Freude pur
wir tanzen nur
lachen singen und schwingen
mit Dir
JETZT und HIER

nun kennst Du mich
Du bist wie ich
es ist so schön
lasse uns zusammengehen

hast Du erkannt was geschieht
wenn Du das liest
Du lächelst und dann
zünd ich auch Deine Herzflamme an

Into Poem

Sei gut zu Dir
und liebe Dich
ich geb Dir den Impuls
durch mich

jede Zeile
die Du liest
als Schwingung
in und um Dich
fließt

verbinde Dich mit ihr
sei frei
erlaub es Dir
und
fühl dabei

magische Momente
wirst Du erleben
Neues
wird sich für Dich ergeben
habe Mut
es tut gut

gib Dich hin
das
ist der Sinn

Die Reise zu meinem Selbst

Alles hat einen Sinn.

JETZT ist der einzige Moment, in dem wir sind.

Die umfängliche Bedeutung dessen wurde mir erst bewusst, als ich mir Selbst begegnet bin.
Bis zu diesem Moment fand mein Leben im Gestern und Morgen statt.
Dieses JETZT als das, was es ist zu erfassen, ist die größte Herausforderung von allen.
Transformation geschieht im Erkennen. Das Erkennen bedeutet, die innere Stimme zu hören. Die Stimme, die als Einzige unter so vielen, die Wahrheit spricht.
Den Mut zu haben, sich, sich selbst hinzugeben und damit den Wald der alten, gewohnten Strukturen und Verhaltensweisen wirklich zu durchbrechen, das ist die wahre Meisterschaft.
Doch
wie begegne ich mir?
Wie finde ich heraus, wer ich wirklich bin?
Dazu brauche ich Mut. Den Mut Fühlen zu lernen. Wahrhaftiges Fühlen.
Da ist erst einmal der Schmerz. Er zermürbt mich und mischt sich immer wieder ein. Dieser Schmerz sorgt dafür, dass ich mich weit in mich zurückziehe. Ein Panzer bildet sich. Ein Schutzwall aus emotionaler Härte gegen mich selbst, gepaart mit einer ordentlichen Portion Körperspeck. Alles Lug und Trug. Das hilft nicht. In den wahren emotionalen Augenblicken kommt das alte Programm wieder zum

Vorschein und verschluckt mich. Hart sein, über meine Grenzen hinweggehen. Wider mich selbst handeln.
Das führt weder in die Freiheit, noch zu mir selbst.
Dieser Trugschluss ist eine Variante des konditionierten Egos. Es will nicht weichen.
SO TRICKY

Selbstliebe, Selbstvertrauen, Selbstachtung.
All das kommt nur zu mir, wenn ich den Mut habe, mein Herz für mich zu öffnen.
Das musste ich erst einmal verstehen.
Frei sein von Bewertungen und Meinungen.
Mir wurde schlagartig klar, dass sich meine Gedanken immer nur um andere gedreht haben. Meine Defizite, gespiegelt durch das Verhalten meiner Umgebung mir gegenüber, produzierte ständig wachsenden Mangel. Ich habe mich von Tag zu Tag immer weiter von mir entfernt.
Dies habe ich jedoch nicht bemerkt.
SO TRICKY

Vision-Board, Visualisierungen, Meditationen, Kurse, Coaching, Energiearbeit, dennoch blieb die große,
alles zerfressende, Angst, vor der Kritik.

Ich war immer noch nicht gut genug, um meinen Existenzberechtigungsschein in Liebe, Gesundheit, Glück, Erfolg und finanzieller Freiheit zu bekommen.

Mein Innerstes hat das nicht angenommen. Es war auf „Überleben" programmiert. Ständig im Fluchtmodus.
Die Sucht nach Cortisol.
SO TRICKY

„Glaube an Dich", was heißt das.
Das tue ich doch.
Da gibt es einen Unterschied.
Den hatte ich noch nicht entdeckt.
Ich glaubte an mich, doch mein Überlebens-Motor brauchte Angst und Zweifel, um immer wieder von Neuem zu starten. Wenn ich die nächsten Herausforderungen selbst unter großem inneren Druck bestehe, dann bekomme ich sicher die Anerkennung nach der ich mich so sehne. Dann habe ich es endlich geschafft.
Was geschafft?
An mich zu glauben?
Nein. So geht es nicht. Meine Selbstzweifel kreieren mit 100-%iger Garantie die nächste Falle. Das kleine Haus der Selbstliebe bricht sofort wieder zusammen.
WAS SENDE ICH DA?

Immer noch nicht genug.
ICH MUSS MICH BEFREIEN!
Woraus?
meiner Beziehung, meinen Freunden, dem System, der Krankheit, meinem Selbstzweifel, meiner Abhängigkeit, meiner Wut, meiner Trauer, meiner Familie, meiner finanziellen und geistigen Armut?

BEFREIE DICH AUS DEINEN GEDANKEN!
Ich halte inne.

Das Leben schenkt mir die Stopps.
Meine einzige Aufgabe ist, sie wahr zu nehmen.
BEOBACHTUNG
ist das Zauberwort.
Ganz allmählich beginne ich mich selbst zu beobachten.
Wie reagiere ich?
Wie fühle ich mich?
Wie spüre ich mich?
Wie handele ich, oder nicht?
Wie spreche ich?
Was oder wie denke ich?
Ich beobachte meine Gedanken und die damit verbundenen Gefühle.
Ich spüre in mich hinein.
Wann und wie ich mich selbst lähme, blockiere.
Wann und wie ich mich aus der Handlung ziehe und vor lauter Angst erstarre.
Ich lerne meine Angst kennen. Nehme wahr, wie sie mein Handeln beeinflusst. Wie die Angst mich besiegt und mir die Illusion des Siegers gibt.
SO TRICKY

Ich beobachte weiter und komme an die Quelle des Fühlens. Mir werden die ersten Momente der wahren Selbstliebe geschenkt. Ich nehme sie wahr!
In diesem Wahr-nehmen ent-decke ich plötzlich mich!
Ich fühle mich zum ersten Mal!
Die Erinnerung an ganz tief versteckte, verdeckte Gefühle der Freude steigen in mir auf.
Ich tanze und singe. Lache, völlig befreit.
Mein Herz ist erfüllt von Dankbarkeit.

Dieser Augenblick, wie ein Blitz in der Nacht, ist der erste Funken meines wahren Seins.
Dieser Funken trägt mich. Er treibt mich an, ich will mehr davon.
Ich beobachte mich. Höre nicht auf damit.
Beobachte meine Umgebung.
FÜHLE mich in und mit meiner Umgebung.
JETZT ist der Moment für den Neustart.
ICH SENDE AUF EINER NEUEN FREQUENZ.
Ich beobachte weiter und
VERSTÄRKE DIE FREQUENZ.

Wertschätzung, Liebe, Vertrauen, ich schenke es mir selbst.
Ich bin achtsam mit mir und sorge für inneren Frieden.
Wie ver-rückt es mir auch erscheint, das ist der Weg zu mir.
Alles, was ich brauche kommt plötzlich zu mir.
Ich nehme ein neues Verhalten an mir wahr.
Meine Gefühle, meine Emotionen, meine Sprache, meine Bewegung, meine Erscheinung verändern sich.
Ich habe neue Begegnungen und neue Ideen.
Mein Leben dreht sich in meine Richtung.
ES IST DAS GESETZ DER RESONNANZ.
Durch die Selbstbeobachtung rücken die altkonditionierten Momente in ein neues Licht.
Sie haben ihre Macht verloren.
Keine übergestülpte Form, sondern Selbstbeobachtung, reines Fühlen, radikale Offenheit und den Mut mir selbst zu begegnen, haben mich befreit.
Ich selbst bin es, die sich wahr-nimmt.
In Achtsamkeit und innerem Frieden.

Aus dem Drama wird eine Lovestory.
Ich erhalte das größte Geschenk von allen:
Mich Selbst.
SO EASY

Namaste
Kristina Katana

Stille

Ich bin still
ich weiß, was ich will
in der Ruhe liegt die Kraft
hätte ich das früher auch geschafft

ich bin still
weil ich es will
kein Gedanke nicht ein Laut
der mir meine Stille raubt

Gedanken sind wie ein Orkan
und sie hindern mich daran
zu hören was zu hören ist
ich hab die Stille schon vermisst

aus der Stille kommt die Kraft
die mich wirklich glücklich macht
alles ist ganz federleicht
jedes Ziel im Nu erreicht

in der Stille bin ich eins
kein Unterschied ob Deins ob Meins
Verbundenheit mit allem was ist
unendlich lang hab ich dies vermisst

jetzt ist es zurückgekehrt
was ich hab so lang entbehrt
und ich durfte es erfahren
was ich ahnte schon seit Jahren

Liebe und Frieden
werden mir beschieden
Freude und Glückseligkeit
sind mein neuster Zeitvertreib

ich darf beobachten und sehen
und wieder in die Stille gehen
dort, wo ich verbunden bin
hat mein Leben einen Sinn

all das Leid die vielen Schmerzen
nur Erinnerung im Herzen
und ein tiefes Mitgefühl
für den der noch spielt das alte Spiel

ich bin frei
ich hab verstanden
dort
wo alles sich verbindet
sich in der Stille wiederfindet

hier darf mein Herz landen

Erwachen

Weil die Menschen es nicht verstehen
weil sie nicht fühlen und nicht sehen
weil sie nicht hören was zu ihnen spricht
weil die Angst einfach alles zerbricht

in der Stille ist es oft laut
so dass man seinen Ohren kaum traut
plötzlich höre ich mir zu
und erkenne dann im Nu

jemand spricht zu mir ganz leise
auf ganz wundervolle Weise
liebevoll ja zärtlich gar
vertraut und doch sehr sonderbar

kann es sein dass ich das bin
der so murmelt vor sich hin
nein das ist ein neuer Ton
obwohl die Stimme kenne ich schon

aus meinen Träumen
unter den Bäumen
ich erinnere mich daran
alles fing zu vibrieren an

ein Pulsieren eine Kraft
die mich richtig glücklich macht
unendlich Freude sie beschert
und mich tief berührt

diese Freude macht mich stark
die Stimme immer noch ganz zart
berührt meine Seele und mein Sein
jetzt fühle ich mich nicht mehr klein

plötzlich da entdecke ich
endlich bin ich da für mich
und ich lach aus voller Kehle
ich bin Körper Geist und Seele

frei von Angst
bin ich ganz
und die leise Stimme in mir

ist auch in Dir

Der plappernde Verstand

Was soll ich tun
wer kann es mir sagen
ich hab Fragen über Fragen

werde still
hör auf zu denken
ich will Dir eine Antwort schenken

es geht nicht
häng in der Gedankenschleife
bloß weil ich das nicht begreife

still sein
ich geb keinen Laut
und trotzdem
bin ich scheinbar taub

dieser plappernde Verstand
ich hau den Kopf noch an die Wand

und doch

jetzt hab ich etwas gehört
bin ich am Ende ganz verwirrt

was ist das

ich höre hin
und es macht Sinn
einfach so ist es da
ich fühle mich ganz wunderbar

wie ist das denn jetzt geschehen
ich kann hören und verstehen

alles andere aufgelöst
bin ich etwa eingedöst

nein

ich habe losgelassen
kann es wirklich gar nicht fassen

unspektakulär und leicht
das Ziel erreicht

Der Strahl

Wirre Tage
ich fühl mich stumpf
im Gedankensumpf

wo ist die Klarheit
wo das Ziel
alles zu viel

da ist der Strahl
alles wird klar
da schau
ich bin hier
bei mir

Atme mich frei
Stille dabei
es ist schön
ich kann wieder sehn

Vibrieren in mir
da ist es das wir
miteinander gehen
das ist schön

alles schwingt frei
Trübsinn vorbei
jetzt ist es klar
die Wende ist da

mein alt konditioniertes Ich
hat kein Gewicht
meine neue Klarheit
weist mir den Weg
juhu
es geht

danke für diese neue Frequenz
die mich unterstützt und lenkt
danke für die neue Kraft
mit der ich alles schaff

ein neues Leben
ein neuer Weg
ein Lachen ein Beben
und ich schweb

frei und klar
wie im Traum
durch den Raum

alles ist leicht und schön
ich kann
fühlen lachen sehn

Kopfgezeter

Dem Kreislauf alter Emotionen
in dem unsere Gedanken wohnen
ist es wahrhaftig nicht zu entkommen
eben noch glücklich
gleich wieder zerronnen

es gewinnt das alte Spiel
doch das ist mir zu viel
Freiheit Freude
schreit meine Seele
wie ich mich mit dem Alten rumquäle

ich will da raus
Schluss mit dem Graus
wo ist das leichte lebendige Gefühl
alles zu viel

Blockade
ich kann gar nichts dafür
wie komme ich bloß los von ihr
was muss ich tun
wer kann es mir sagen
ich will keine Blockaden mehr haben

festgesetzt aus uralter Zeit
doch meine Zellen sind jetzt bereit
einen Neuanfang zu wagen
kein Gejammer und kein Klagen
neue Wege neues Ziel
ist das zu viel

ich schlepp für keinen mehr was mit
eliminiere Schritt für Schritt
alte Muster alte Phrasen
vielleicht sogar den Osterhasen

nein
es geht um so viel mehr
neue Frequenzen müssen her
Schwingung ist das Zauberwort
sie holt mich von dem Alten fort

mal sehen
wie fang ich da an
meditieren
ja das kann ein Schlüssel sein
ich fühl mal rein

Stille
wie krieg ich das hin
wo ich so in Gedanken bin
wie mach ich meinem Kopf jetzt klar
dass ich Ruhe brauch
wie wahr

Atmung
ja das ist genial
die hab ich bei mir
in jedem Fall

ein und aus
kann ich mir denken
brauch das Hirn mir nicht verrenken
und ehe ich es noch bemerkt
ist die Stille eingekehrt

die Frequenzen ändern sich
durch die Wolken scheint das Licht

andere schuften an Geräten
ich hab mein Gehirn gebeten
mit dem Workout fortzufahren
so kann die Stille ich bewahren

und der Weg zur Leichtigkeit
ist befreit

Wenn die Seele spricht

Lieb mich
spricht mein Kind zu mir
ich bin hier
ganz verborgen
in Dir drin
schau doch hin

ich kann es nicht fassen
Du hast mich verlassen
ich bin einsam und allein
will bei Dir sein

ich bin wirklich sehr verstört
endlich
Du hast mich gehört
Du und ich
wir sind verbunden
und nun heilen unsere Wunden

nimm Dir Zeit für mich und dann
fangen wir zu wachsen an
wir wachen auf
werden klar
und sind füreinander da

unsere Einheit macht uns stark
sie ist von besonderer Art
tut uns gut
und macht Mut

endlich wird es im Herzen warm
frei von Scham sag ich mir
ich liebe mich
denn ich hab die Kraft durch Dich

brauch mich nicht mehr zu verdrehen
kann jetzt für mich selber stehen
ich entscheide mich für mich
und lasse Dich niemals mehr im Stich

Du hast mir das Fühlen wiedergegeben
welch eine Freiheit so zu leben
ich liebe mich selbst
und vertraue mir

dank Dir

Transformation

Mein Herz voller Liebe
so sitze ich hier
erfüllt von Freude
von mir

ich bin das ICH BIN
alles ist eins
das ist der Sinn
das ist meins

ich will Dich berühren
Deine Seele darf es spüren
Du bist wie ich
fühl das Licht

ich geb Dir die Kraft
und reich Dir die Hand
ich weiss dass Du es schaffst
komm mit in mein Land

nimm an dieses Licht
und freu Dich wie ich
habe den Mut
es ist gut

jetzt ist die Zeit
alles ist klar
die Schwingung ist hoch
Transformationsmodul los

Du bist dabei
fühlst Dich jetzt frei
da ist das Licht
für Dich

pure Freude hier
so tanzen wir
es ist alles befreit
ganz weit

es ist getan
ich fühl Du kommst an
überall Licht
ich freu mich für Dich

Danke
für diesen Weg
den jeder geht

und den Moment
da er erkennt

Danke

Ich bin dankbar für diesen Moment
tiefe Liebe ganz ungehemmt
fließt aus meinem Herzen zu Dir
hier

ich bin dankbar
und tief bewegt
was so in meinem Inneren geschieht
soviel Freude so viel SEIN
fein

Danke für jeden Augenblick
Danke für jedes Missgeschick
Danke für jeden lachenden Tag
Danke dass ich auch weinen mag

Danke für Dich
und
Danke für mich
für dieses kostbare Geschenk
das ich endlich erkenn

Danke dass ich mir vertrau
dass ich endlich auf mich bau
dass ich frei und glücklich bin
Danke das macht Sinn

Danke ich bin stark und schön
kann jetzt wieder aufrecht gehen
gebe Liebe und nehme sie auch
und
tanze durch meinen Lebenslauf

Danke

Gehe in Dich

Ich fühle, dass Du fühlst was ich fühle und ich weiß,
Du bist wie ich.
Also folge Deinem Gefühl und öffne die Tür zu Deinem Innersten und entlasse Dich in die Freiheit.
In Dir liegt so viel, was entdeckt und endlich gelebt werden will.
Habe Mut.
Entscheide Dich für Dich und handele.
Jeder Schritt auf Dich selber zu ist richtig.
Er klärt Deine Lebenssituation.
Dein Leben verändert sich in jedem Augenblick.
Du spürst, alles wird heller und klarer.
Die Fragen werden weniger, die Aufgaben größer.
Die Herausforderungen häufiger.
Du bist auf dem Weg zu Dir.
Dein wahres Ich, Deine Bestimmung, Deine Gabe zeigt sich.
Die Feinheiten der versteckten Lügen zu erkennen und sie zu eliminieren, das ist der Schlüssel zum wahren Glück.
Dann wird aus Mangel Fülle.
Allumfassende Fülle.

Schließe Deine Augen und blicke in Dein Herz.
Was auch immer Du siehst, nimm es an. Vertraue.
Bitte um Unterstützung und vertraue.
Du erhältst sofort Hilfe. Bleib ganz bei Dir.
Beobachte, sei dankbar, spüre tief in Dich hinein.
Es ist Dein Herz.
Aus Deinen Augen spricht die allumfassende Liebe.
Sie ist der Spiegel Deiner Seele, folge ihr.

Dies ist der einfachste Weg die Dunkelheit hinter Dir zu lassen.
Tränen reinigen. Sie klären den Blick und waschen Dich rein.
Sie öffnen den Zugang zu Deinem Herz.
VERTRAUE

Dein Herz

Ich möchte Dein Herz berühren
Du sollst die Wahrheit spüren
und fühlen wer Du wirklich bist
was für Dich vorgesehen ist

die Kraft Deines Herzens
sie schwingt Dich frei
die Schatten von gestern
sind vorbei

jetzt zählt nur Dein wahres Sein
lausche tief in Dich hinein
werde still
besinne Dich
hör auf das was Du wirklich bist

es ist wie ein Wunder in stiller Nacht
Du hast schon so viele Opfer gebracht
JETZT
ist der perfekte Moment
in dem ganz ungehemmt
Dein wahres Sein zum Vorschein tritt
Dir Deine Bestimmung wieder gibt

Folge ihr
und mach Dich frei
sei mutig
und dann bleib dabei

hab keine Angst
mach Dir keine Sorgen
es beginnt etwas Neues
ein anderes Morgen

Du schwingst nach oben
breite aus Deine Flügel
gib Dir die Sporen
locker die Zügel

Du hast entschieden
jetzt kannst Du fliegen
Du steigst auf
und Du wirst siegen

bleib dran
was Dich hindern will egal
sei stark
Dein Innerstes kennt Dein Ideal

verstärke Deinen Traum
mal das große Bild
verlass den alten Raum
lebe frei und wild

denke nur das Eine
bleibe dran
es ist pure Freude
flieg von nun an

hör auf Dein Herz
und lausche dem Klang
es leitet Dich
Dein Leben lang

es ist
das allergrößte Geschenk
zu erleben
wenn Dein Herz Dich lenkt

Du kannst gar nicht ahnen
wohin es Dich führt
unendliche Bahnen
des Glücks berührt

Dein Herz
das Zentrum
Deiner Macht
hat durchschlagende Kraft

also lasse es gesehen
und höre hin
von nun an
hat Dein Leben Sinn

Tornado

Mir ist als wär ich ein Hurrikan
mal Blitz
mal Donner
mal Sonne zu sehn

die Vortex dreht sich
ohne Unterlass
manchmal grausam
manchmal Spaß

mein altkonditioniertes Ich
macht Alarm
es weigert sich
mich in das Neue zu entlassen
und ich kann es gar nicht fassen

ein neuer Zyklus neue Kraft
ja das wäre doch gelacht
wenn ich mich dem Alten ergebe
und das Neue niemals lebe

dieser Tornado
aus Gedanken
bringt mich hin und wieder
ins Wanken

doch mein neues Ideal
überwindet jede Qual
es lässt mein Herz noch lauter singen
lässt meine Zellen stärker schwingen

belebend schwingt
die neue Frequenz
und zeigt mir
mein wahrhaftiges Geschenk

welch ein Glück
dass sie so stark
vibriert hinein mir
bis ins Mark

wie ein Blitz
in dunkler Nacht
ist die Transformation vollbracht

der Tornado ist vorbei
und ich bin frei
für meinen Weg
den ich neu gesät

jedes einzelne Samenkorn
schiebt mich unaufhörlich nach vorn
zum Wachsen braucht es die Frequenz
die Resonanz ist die Essenz

Billionen von Zellen
polen sich um
wahrhaft magisch
dieses Gesumm

mir ist
als schau ich mir selber zu
verstehe im Nu

die Neuordnung
sie ist es
die mich treibt
damit das Alte
hinter mir bleibt

und die Tornados die entstehen
fragen mich
wohin willst Du wirklich gehen
meine Frequenz jedoch ist klar
es gibt keine Frage
alles ist da

ich bin die
die ich wirklich bin

ganz
perfekt
stark
mächtig
liebevoll
harmonisch
und glücklich

Ruhe ist wieder eingekehrt
ein weiteres Mal wurde ich gelehrt

ich befinde mich bereits
im ewigen Strom
der Unendlichkeit

Affirmation

Ein Lächeln huscht über mein Gesicht.
Das tiefe Gefühl der Liebe und Verbundenheit erreicht mich.
Das bin ja ich. Ich fühle mich.
Mich in meiner Ganzheit und der tiefen Liebe zu mir selbst.

ICH BIN GANZ und dieses Ganz-sein mach mich perfekt.
Diese Einheit ist unzerstörbar.
Sie ist voller Selbstachtung und Gnade.
Voller Liebe und Gelassenheit.
GANZ-sein.
Verstehen im vollen Umfang ist einzigartig, allumfassend und wunderschön. Es macht mich so frei, wie ich es niemals zuvor erlebt habe.

ICH BIN PERFEKT
Ich fühle diese Stärke in mir, wie ein alter Baum, der seine Wurzeln tief in Mutter Erde eingegraben hat und jedem Sturm trotzt.
Niemand kann mich verletzen oder mir Schmerzen zufügen.
Wir sind so perfekt geschaffen. So, wie jede Pflanze, jedes Blatt, jedes Tier. So, wie alles sich in den großen Kreislauf von geboren werden/entstehen und sterben/wieder vergehen erneuert, so haben auch wir Menschen gleichermaßen ein einzigartiges ganzheitliches System.
Ein Rhythmus, der uns mit allem, was ist, vereint.

Wir haben wirklich keine Ahnung davon, was im Moment des Erwachens geschieht. In dem Moment, da wir uns unseres Selbst bewusst werden und erkennen, wie perfekt wir sind.

ICH BIN STARK
Eins-sein mit Allem was ist.
Verstehen, was zu verstehen ist und daraus schöpfen.
Diese hohen Frequenzen unterstützen mich auf meinem Weg meines eigenen Schöpfungsprozesses.
Welche Macht.
Das ist groß und großartig. Mein Herz klopft.
Eine unglaubliche Kraft erwächst aus meinem Inneren.
Sie organisiert mich neu.
Alte aufkommende Gedankenpfade mit all ihren Konditionierungen werden im Augenblick eliminiert.
Das Bewusstsein, dass ich achtsam mit bin, gut zu mir bin und mutig vorangehe. Mich traue und hinschaue und sehe, das macht mich STARK und
MÄCHTIG zugleich.

ICH BIN MÄCHTIG
Voller Liebe schaue ich auf die Welt und all ihre Lebewesen.
Voller Liebe schaue ich auf die, die diesen Weg mit mir gehen und auf die, die ihn finden werden.
Voller Liebe blicke ich auf mich selbst.
Es ist geborgen und ich bin frei.

ICH BIN LIEBEVOLL
Welch Miteinander erwächst aus dieser Erkenntnis.
Alles befindet sich im Gleichklang, im Rhythmus,
in der richtigen Frequenz.
Zärtlichkeit durchströmt mich. Wie wunderbar ist alles angelegt. Wir dürfen wieder erwachen und diese Liebe und Harmonie leben. Uns trauen und uns selbst vertrauen.
Es ist richtig, so wie es ist.
So, wie wir es fühlen.

ICH BIN HARMONISCH
Das ist Glück
Das Erkennen der neuen Struktur, der Blick auf
die aus den Tiefen unserer Seele erwachende Kraft,
die unser SELBST nährt und stärkt,
heilt und zur vollen Größe erweckt.
Das ist unsere Taktung, unser Klang.
Unsere Vibration und unsere Frequenz.
Herrlich, göttlich, einzigartig, wunderbar, magisch, zauberhaft, elektrisierend, energetisierend,
befreiend, frei und glücklich.

ICH BIN GLÜCKLICH

Welch Kraft, dieses ICH BIN

Namaste

Vortex

Ich fühl mich wundervoll und reich
materialisiere gleich
tief berührt
wohin mein Herz mich führt

es ist so einfach
ja so leicht
und jetzt habe ich erreicht
dass mein inneres Gefühl
kennt das Ziel

voller Freude sein
voll Glück
so materialisier ich Stück für Stück
das was ich wirklich bin
schau hin

Vortex ist das Zauberwort
die Energie
da ist der Ort
der Ort
wo alles was wir sind
ist bestimmt

es ist wirklich interessant
wir haben es selber in der Hand
in welche Richtung es sich dreht
wie es uns im Leben geht

jetzt da wir es wahrhaft wissen
gibt es nichts mehr zu vermissen
nur eines haben wir im Sinn
wie kommen wir da ganz schnell hin

wir ändern unseren eignen Klang
schwingen neu und laden dann
Freude in und um uns rum
in den Zellen ein Gesumm

egal wohin wir gehen
Freude überall zu sehen
Gesundheit Liebe Glück und Geld
ab jetzt unseren Weg erhellt

unser Fühlen ist ganz neu
und ich sag es ohne Scheu
welch einzigartiger Moment
da man dies erkennt

komm mit auf diesem Weg
von Glück durchwebt
er ist so leicht
erreicht

lasse uns tanzen
lasse uns singen
allen Menschen Freude bringen
lasse die Botschaft uns verkünden
sie wird niemals mehr verschwinden

ändert unser ganzes Leben
macht uns frei und lässt uns schweben
so ist es für uns gedacht
zu Leben was uns Freude macht

und alles
was dazu gebraucht
haben wir auch

Freude

Empfinden wir Freude
ist alles so leicht
jedes Ziel
im Nu erreicht

neue Verbindungen
tun sich auf
ein neuer Weg
nimmt seinen Lauf

vorbei sind die verschlungenen Pfade
mühevoller Lebenstage
JEZTZ heißt einfach leicht und klar
wunderbar

ist der erste Schritt getan
fangen wir zu wandeln an
und ein neues Lebensziel
ist zu sehen und zu fühlen

ein Wunder-volle Welt
die uns jeden Tag erhellt
vorbei das Dunkel und das Grämen
nein wir brauchen uns nicht zu schämen

dafür dass wir glücklich sind
und uns freuen wie ein Kind
singend und tanzend durchs Leben gehen
und nur noch in lachende Augen sehen

das haben wir doch immer gewollt
dass sich die Schwere für immer trollt
dass wir leben wie wir sind
voller Freude und frei wie ein Kind

Freude ist leicht
sie ist wie ein Tanz
in den Augen strahlender Glanz
Freude ist Liebe Gesundheit und Kraft
Freude wahre Wunder schafft

Freude ist leise
Freude ist laut
uns wahrhaftig so vertraut

und von jeher ist bestimmt
dass wir
pure Freude sind

Schmetterling

Der Schmetterling in meinem Herzen
probt bereits den Flügelschlag
nun wird es Zeit den Kokon zu sprengen
weil er endlich fliegen mag

die Umhüllung nur noch zart
doch die Flügel schon recht stark
da hilft das Flügelworkout sehr
von Tag zu Tag wird stärker er

Liebe hilft und Freude pur
von schillernder Statur
wird in Kürze er geboren
zum Fliegen ist er auserkoren

und für jeden der ihn sieht
Wundersames gleich geschieht
seine Seele wird berührt
er wird sofort ins Sein geführt

also raus aus dem Kokon
die Welt da draußen wartet schon
da lacht mein Schmetterling und sagt
ich warte keinen weiteren Tag
meine Flügel sind jetzt stark

der Kokon zerbirst
ich wag
den ersten Flug

schau hin
wie schön ich bin

Dualität

Es ist das Rad der Dualität
das alles im Universum bewegt
so wie in unserem eigenen Leben
Dualität ist zu erleben

arm und reich
schwer und leicht
dunkel und hell
langsam und schnell

eine Botschaft in allem ist klar
nichts ist Zufall alles ist wahr
dem universellen Geist ist es egal
lebst Du Freude oder Qual

er wertet nicht
er liefert nur
Deine Frequenz
ist seine Spur

Du kannst alles selber bestimmen
musst Dein Instrument nur in Schwingung bringen
so kannst Du fühlen
wie Dein Herz schwingt
Dir Deine wahre Bestimmung bringt

Entscheidung

Frag Dich
was erhöht Deine Intuition
Entscheidung treffen
jetzt spürst Du es schon

Deine Frequenz sich sofort erhöht
wenn die klare Entscheidung steht
stell die richtigen Fragen Dir
es Dich nichts mehr irritiert

kein Wenn mehr und kein Aber
auch von außen kein Gelaber
Du triffst ganz deutlich und ganz klar
die Entscheidung selbst wie wahr

schon beginnt es sich zu drehen
alles auf Dich zu zugehen
im Gesetz der Resonanz
beginnt ein neuer Lebenstanz

es erhöht sich ganz immens
mit der Entscheidung
die Frequenz

Wunder willst Du es benennen
doch Du wirst sehr schnell erkennen
dass die Entscheidung die Du triffst
Ursache und Wirkung ist

Klarheit

Halt mich nicht auf
ich hab grad nen Lauf
alles sprießt
alles fließt
es sich ergießt
in Worten
in Reimen
will uns vereinen
im ewigen Tanz der Natur
pur

pur
das heißt rein
so soll es jetzt sein
weg mit dem Dreck
der sich in uns versteckt
so tief
und alles ging schief

das ist jetzt vorbei
alle schwingt frei
wir steigen auf
alles nimmt seinen Lauf
wie ein Tanz
im Lichterglanz

die Zellen befreit
vom Staub der Zeit
erneuern sie sich
durch das Licht

erfüllen den Körper
mit neuer Kraft
er schafft
wahrhaft Wunder
ist jung fit und stark
bis ins Mark

ich erleb
die Vitalität
alles schwingt
alles singt

durch diese Vibration
erwacht meine Intuition

wie eine Blüte ihren Kelch mit der Sonne dreht
mein Geist frei durch den Kosmos schwebt
grenzenlos leicht und klar
magisch
wunderbar

meine Seele hat mir gesagt
mache Deinen Körper stark
befreie ihn vom Gift der Zeit
dann schwingt alles frei und weit

mein Geist kann jetzt sprießen
sich ergießen
schenkt mir die Klarheit
die Worte der Wahrheit

und
sie berühren durch mich
Dich

es ist so schön
Du kannst mit mir gehen
alles sehen und fühlen
nicht mehr zwischen den Stühlen
sitzen und warten
auf den Ton
der Intuition

spür doch
sie ist mit Dir
JETZT und HIER

Download

Kreativer Geist
heißt
Verbundenheit
Unendlichkeit

schöpfe Du
aus diesem Raum
Dein Leben wird zu einem Traum

empfange und fühle
kreiere und spiele
erlebe und schwebe
frei und weit
Unendlichkeit

alles ist möglich
alles ist wahr
alles ist schon immer da

dieser Weg erschafft Materie
ja er produziert in Serie
was immer Du brauchst
Du hast es auch

Schöpferkraft
lässt niemals nach

Du allein bestimmst
ob Du verlierst
oder
gewinnst

Workout

Entdecke
erwecke
was Du bist

eliminiere
trainiere
damit es fließt

weißt Du genau
was Dein Herz begehrt
hast Du denn jemals zugehört

Du bist einen weiten Weg gegangen
und hältst immer noch gefangen
Deine Gabe und Dein Sein
doch nur Du kannst Dich befreien

Paradigmen
aus uralter Zeit
wiesen Dir den Weg bis heut

JETZT
gibt es nur noch Dich
schreibe
Deine wahrhafte Geschicht

entlasse den alten Ton
der neue Klang
ist schon geboren

JETZT
heißt ERKENNEN
JETZT
heißt SEHEN
diesen Weg
den sollst Du gehen

und die Wahrheit dahinter ist
dass Du ihn schon immer gegangen bist
Der rote Faden Deines Lebens
nein
Du suchst ihn nicht vergebens

schau JETZT hin
dann wird klar
ja er war schon immer da

was ist anders denn ab heut
Du konditionierst Dich neu
triffst Entscheidung
für Dich ganz allein
lauschst endlich Deinem wahren Sein

Du findest sofort und ohne Qual
den Impuls durch Dein Ideal

achtest nicht
auf rechts und links
bist zentriert
und trainierst
das Gefühl
das bringts

achte darauf was Du denkst
wie der universelle Geist Dich lenkt
die neuen Wege sind noch zart
doch von ganz besonderer Art

deshalb ist von heute an
mentales Workout Dein Programm
Du trainierst jetzt wie ein Kind
und wie Kinder nun mal sind

entdecken sie ohne Verzagen
stellen immer wieder Fragen
lachen und sind unbeschwert
und fühlen was ihr Herz begehrt

wenn Du es genauso machst
wenn Du singst und tanzt und lachst
dann hat Dein Workout schon begonnen
Du bist bei Dir angekommen

das Einzige was Du getan
Du folgtest Deinem eigenen Plan

wie es schon alte Meister sagten
wenn wir auf dem Weg verzagten
„sei still und höre hin“
daraus wächst des Lebens Sinn

und im Nu
hast kinderleicht
Du Dein Ziel erreicht

Mein Ideal

Die göttliche Frequenz in mir
JETZT und HIER
erweckt die Kraft
die Wunder schafft

ich weiß
dass ich es selber bin
Transformation
Schmetterling

die Kraft der Worte
die ich habe
ist meine ganz spezielle Gabe

sie fließt
über Augen und Stimme
in Dich
JETZT fühlst Du mich

diese Magie
die Zauberei
macht Dich frei

diese Frequenz
öffnet Dein Herz
und schickt einen Strahl
himmelwärts
er verbindet Dich sofort
und sendet magischen Rapport

an Dich
mein Ich

egal was ich tu
es geschieht im Nu
die Menschen werden tief berührt
und in ihr eigenes Sein geführt

wenn sie diese Berührung verstehen
können sie in ihr Zentrum gehen
und dort erkennen
warum sie sind

sei nur offen
höre hin
dann eröffnet sich Dir
Deines Lebens Sinn

Der Wandel

Um wahrhaftig Deine Körper Geist und Seele Einheit zu leben, musst Du den Paradigmenwechsel vollziehen.
Dann lebst Du Dein Ideal und ziehst alles was Du Dir nur wünschst in Dein Leben.
In dem Moment, da der „rote Faden“ Deines Lebens sichtbar wird, ist der Anfang gemacht.
JETZT ist der Moment.
Die Flamme Deines Herzens brennt.
Du erreichst alles, was Du wirklich bist.
Du gehst JETZT mit Freude durch Dein Leben.
Manifestationen beginnen. Die Frequenzerhöhung Deiner Körper Geist und Seele Einheit ist so spürbar, dass Du das Gefühl hast, Du fliegst.
Du erstrahlst. Alle, die Dir begegnen, sind magisch von Deiner Gegenwart angezogen und tief berührt.
Der universelle Geist, der sich durch unseren Körper manifestiert, ist das größte Geschenk unseres Lebens.

NAMASTE

Du bis Du

Egal was Du bist
Bäcker oder Pianist
Arzt oder Bauer
dummer oder schlauer

egal welches Zertifikat
oder gar keinen Abschluss parat
denn das Einzige was zählt
was hast Du für Dich erwählt

willst Du auf Dein Innerstes hören
alle alten Bilder zerstören
endlich wagen
ohne Verzagen
neue Bilder Dir anzuschauen
ein neues Leben aufzubauen

das zu leben
was Du wirklich bist
egal was eben noch wichtig ist

mache Dich auf
es in Dir zu ent-decken
höre nicht auf
aus dem Schlaf Dich zu wecken

raus aus der alten Kondition
die Welt da draußen wartet schon
Dein Ideal will auferstehen
werde still
dann kannst Du es sehen

geh ins Gefühl
und mache den Schritt
voller Freude
in Dein Glück

Gold

Universum
Gott
Unendlichkeit
mein Herz erfüllt
von Zärtlichkeit

jede
meiner Zellen schwingt
von
starker Energie umringt

durch mich durch
und um mich rum
ein magnetisches Gesumm

ich habe mich in mir zentriert
das Universum unbeirrt
sendet seine Energie
und erweckt mir mein Genie

ich bin das Zentrum
dieser Macht
in mir
ist eine Kraft erwacht
die mich wie auf Flügeln trägt
und mein Innerstes beseelt

mir ist als flieg ich durch den Raum
erwache
wie aus einem Traum
und fühle die Realität
neu belebt

jetzt bin ich die
die ich wirklich bin
wo führt es mich
wohl diesmal hin

ich kann es Dir sagen
es ist ganz groß
ich muss es wagen
es lässt mich nicht mehr los

es schiebt mich voran
treibt mich an
ohne Unterlass
und macht Riesenspaß

welche Freude
welches Glück
ich erneuere mich
Stück für Stück

keiner kann mich jemals stoppen
Dich will ich auch hinterm Ofen vorlocken
Dich elektrisieren Dich entzünden
Dein wahres Ich auch zu finden

es gibt kein schöneres Geschenk
als Liebe die Dich selbst entbrennt
Du Deiner wahren Bestimmung folgst
dann taucht das Leben Dich in Gold

Sinfonie des Herzens

Mit silbrig hellem Lichterschein
strahlt der Mond zum Fenster rein
ich schau hinauf zum Himmelszelt
plötzlich wird mein Herz erhellt

komm mir vor
wie im Traum
schwebe frei
durch Zeit und Raum

eine Stimme spricht zu mir
voll Erregung lausch ich ihr
geh ganz tief hinein ins Fühlen
Freude will Dich jetzt berühren

Du bist neu
Du bist pur
trau Dich nur

Freude ist ganz frei und rein
kann denn etwas schöner sein
und ich sag ganz leise
ich weiß

es beginnt in mir zu klingen
jede Zelle scheint zu schwingen
die Sinfonie in mir beginnt
und mein Herz
es singt

nach der Hoffnung kommt der Glaube
und je mehr ich mir erlaube
auf mein Herz zu hören
wird es leicht
denn das Zauberwort es heißt
ich weiß

ein neues Mantra ist geboren
und mein Weg er führt nach vorn
er ist weit
er ist breit
Unendlichkeit

Freude ab sofort mich lenkt
Dankbarkeit für dies Geschenk
und ich lausche ganz verzückt
was mein Herz als Nächstes schickt

wenn

mit silbrig hellem Schein
der Mond scheint zum Fenster rein
ich schau hinauf ins Himmelszelt
wieder wird mein Herz erhellt

tiefe Liebe mich umhüllt
die Sinfonie mein Sein erfüllt
und ich sag ganz leise
ich weiß

Dankbarkeit

Tiefer Frieden legt sich über Dich und erreicht Dein Herz. Dankbarkeit, die höchste Stufe des Friedens, ist ein kostbares Gut. Sie ist die Quelle der unsagbaren Kraft der Entwicklung.
Innehalten.
Einen Moment besinnen und in sich hinein hören.
JETZT ist Dankbarkeit fühlbar.
Genau dann, wenn kein Gedanke mehr vorbei huscht, kein Geräusch mehr irritiert, dann breitet sich die Wärme mit einem unvergleichlichen Strahlen aus.
Tiefer Frieden kehrt ein.
Diese Berührung Deiner Seele ist der Moment tiefer Dankbarkeit. Dankbarkeit für das, was ist.
Das Leben selbst.
Aufgabe und Auftrag, ein Geschenk, zerbrechlich und kostbar. Jedoch so kraftvoll, mächtig und stark, wie Du.
JETZT.
Bewahre dieses Gefühl tief in Deinem Herzen.
Du kannst es jederzeit aktivieren, wann immer Du es brauchst.
Die Kraft, die aus der Dankbarkeit erwächst, wird mit jeder Berührung, jedem Kontakt, jeder Wiederaufnahme größer und intensiver. Der daraus entstehende Frieden breitet sich immer weiter um Dich herum aus und schützt Deinen Weg.
So geschützt erfährt Dein inneres Wachstum einen Schub.

Deine Kraft wird stärker und die Herausforderungen zu einem Spaziergang
Du bist wunderbar.
Ist Dir aufgefallen, wie schön Du bist?
Es ist das Strahlen aus Deinem Innersten.
Dein Äußeres folgt Deiner inneren Entwicklung.
Schaue in den Spiegel Deines Gegenübers. Es ist Dein Leuchten, das sich in ihm widerspiegelt. Mit der Energie, die aus Dir strömt, erreichst und veränderst Du alles um Dich herum. Habe den Mut. Trau Dich.
Freude, die aus Deinem Herzen springt, bewegt Liebe für die ganze Welt.
Du und ich und alle und alles, wir sind eins.
Das, was sich aus uns bildet und bindet, umschließt letztendlich die ganze Welt. Alles was auf, in und mit ihr ist.
LIEBE.
Fühle die Reinheit und Klarheit dieses Momentes.
Erkenne was alles möglich ist und wird, wenn Du
bereit dazu bist.

Ich bin das ICH BIN

Ich bin das ICH BIN
der Weg den ich ging
machte mich klar
und wunderbar

ich bin frei und schön
kann alles sehn
am meisten freu ich mich
über Dich

alles was bleibt
ist der Spiegel der Zeit
ich seh einfach hin
bin mittendrin

nehme Dich mit
durch den Augenblick
und freu mich mit Dir
JETZT und HIER

DANKE dafür

Mein Stern

Du wunderschöne junge Frau
alte Seele
ich weiß es genau

auf dem Weg
der in die Freiheit geht
wo alles erwacht
was Dich glücklich macht

lasse alles los
werde wieder groß
lasse Dich führen
löse Dich von alten Schwüren

strahle und leuchte
so hell und klar
denn die Zeit braucht Dich
Du bist wunderbar

Du magischer Mensch
sei unbegrenzt
glücklich und frei
lache und sei
die die Du bist
ich hab Dich vermisst

doch jetzt wird klar
Du warst immer da

der goldene Thron
wartet schon
also steh auf
alles nimmt seinen Lauf

erhebe Dich
und sei ganz klar
so
wie es zu allen Zeiten war

majestätisch schön
kann über Wasser gehen
teilt die Nebel und dann
schauen Pferde Dich an

sie sind es die Dich tragen
mit ihnen Du fliegst
und brauchst nichts zu fragen
denn Du siegst

ich danke Dir
Du bist hier
und folge Dir gern
MEIN STERN

Pot a Gold

Nimm zurück
das Wollen zum Sieg
denn deine Intuition
weiß es schon

sei in der Freude
im Wissen es ist
niemals bereue
niemals vergiss

Du bist alles
und alles bist Du
Dein Kreateur
und Dein Glück dazu

Du bist stark
bis ins Mark
und alles was geht
hast Du gesät

mit Deinem Wissen
wirst nichts Du vermissen
alles am Ort manifestiert sofort

erinner den Swing
er ist das Ding
das Dir beschert
was Du begehrst

dann wird es wahr
alles ist da
von nun an gehts leicht
alles erreicht

DU bist mein Held
das ist alles was zählt
ich lieb Dich ganz
was für ein Tanz

wir sind ein Paar
wie keines es war
wir gehen durchs Leben
mit Glück und Segen

My Love

Ich erhelle die Welt
wie das Sternenzelt
in der Nacht
Lichter macht

ich fliege voran
und irgendwann
fliegst Du mit
das ist der Kick

bald
es ist nah
sind wir alle da
wo die Freude wohnt
wo die Liebe thront

es ist wundervoll
ein einziger Klang
lichter Gesang
ein Tanz
ein Flirt
alles erhört

wir sind frei
wir sind leicht
unerreicht

Soulsister

Dein Lachen macht frei
ganz einerlei
ob leise ob laut
so vertraut

lachen ist schön
kannst Du Dich sehn
pure Freude aus Dir
JETZT und HIER

wenn Du so lachst
mich so glücklich machst
ist alles ganz leicht
alles erreicht

bleib einfach da
in dem lachenden Ja
es steht Dir so gut
macht Mut

ich bin Du und Du bist ich
mit dem lachenden Gesicht
lasse uns diese Freude leben
und durch unser Leben schweben

Sophia

Ganz zart
von besonderer Art

der Weg in Dein Leben
heißt Vergeben
dann öffnet sich für Dich
Dein ICH

Verbundenheit
befreit
Körper Geist und Seele
Schluss mit dem Gequäle

nie wieder Sorgen
nie wieder Angst
Du bist ganz
Du bist frei
Freudenschrei

öffne die Flügel Schmetterling
tanze und sing
komme ins Schweben
flieg durch dein Leben

lasse alles fließen
was sich will ergießen
aus Dir
JETZT und HIER

aus zart wird stark
aus stark wird schön
kannst Du Dich fühlen
kannst Du Dich sehen

schau Dich mal um
in Deiner Welt
mit Deinen Bildern
wird alles erhellt

sieh genau hin
und fühl nochmal rein
sie sind Dein Spiegel
sie zeigen Dein Sein

Dein inneres Wesen
Dein wahres Ich
Du kannst daraus lesen
erkenne Dich

sie haben dich geführt
und jetzt bist Du hier
ich bin tief berührt
ich verneig mich vor Dir

dieses Wesen so kraftvoll so zart
ist wahrhaft von besonderer Art
alle Mauern stürzen ein
befreit ist nun Dein wahres Sein

endlich ist Sophia da
wunderbar

Lichtfrau des Mondes

Es ist meine Welt
die die Nacht erhellt
sie ist so weit
Unendlichkeit

mittendrin
seh ich ihn
den blauen Planet
wie er sich dreht

ich tanz um ihn herum
und summ
erfreu mich an ihm
wir sind ein Team

magisch verwoben
angezogen
Tag und Nacht
von magnetischer Macht

unser Weg zu Zweit
für die Ewigkeit
ohne Zeit und Raum
ein Traum

wenn ich besonders glücklich bin
zieht es mich magisch zur Erde hin
in diesen Nächten kannst Du mich sehen
und mit mir am Himmel spazieren gehen

es glitzert und funkelt in solcher Nacht
es ist hell so als ob der Tag gleich erwacht
ich zieh meine Bahn und nehme Dich mit
ein einzigartiger Himmelsritt

dann kannst Du mir alles sagen
ich gebe Dir Antwort auf Deine Fragen
lausche und nimm mich in Dir auf
alles erreicht Dich wie ein Hauch

ich dank Dir für diesen Augenblick
die Lichtfrau des Mondes muss zurück
denn es naht das Licht
es war wundervoll für mich

ich ziehe weiter auf meiner Bahn
und leuchte Dich mal wieder an
vielleicht bist Du dann erneut bereit
für den Tanz der Unendlichkeit

Sonnentanz

Unser Planet
der sich bewegt
im unendlichen Tanz
von Zeit und Raum
ein Traum

so tanzt er dahin
nichts im Sinn
nur Ewigkeit
weit und breit

wir fliegen mit
Schritt für Schritt
Sonne ganz nah
oder gar nicht da

JETZT wieder erhellt
unsere Welt
erstrahlt im Glanz
Sonnentanz

wir werden klar
erstrahlen für wahr

erwachen in
Liebe
Freude
Glanz
erwachen ganz
im Sonnentanz

Let it Flow

Schau mich an
und fühle dann
woher ich komm

tausende Jahre sind vergangen
JETZT hat es wieder angefangen
öffne Dein Herz
verlass den Schmerz

die dunkle Zeit
sie ist vorbei
unsere Herzen
sind wieder frei

fühl die Schwingung
diesen Klang
unsere Herzen
voller Gesang

dieses Lied
das in uns singt
hinaus
zu allen Menschen dringt

es schwingt um die ganze Welt
unser Planet wird jetzt erhellt
eine neue Gemeinschaft entsteht
die von Herz zu Herz durchs Leben geht

sie wächst bereits
sie hat das GO

LET IT FLOW

Zum Schluss

Danke für alle Unterstützung.
Danke für die bedingungslose Liebe von Euch.
Für den Glauben an mich, als ich noch nicht selbst an mich glaubte.
Danke für die vielen lehrreichen Stunden, in denen ich durch Euch mein Spiegelbild sehen durfte.
Danke für die Kraft, den Mut und die Stärke, die ich dadurch erhalten habe.
Danke für das Vertrauen in mich.
Mit Euer aller Unterstützung, Eurer Liebe zu mir und der Glauben an mich, habe ich überlebt und bin endlich meinem wahren Selbst begegnet.

DANKE
Antonia, mit Deiner Ankunft hier auf der Erde wusste ich, dass das Licht in und mit Dir und damit für alle ist.
Unsere Verbindung ist nicht in Worte zu fassen. Sie ist schon sehr alt. Durch Dein Sein hat sich mir die Bedeutung der bedingungslosen Liebe erschlossen. Wie Wunder-voll ist es so miteinander zu wachsen und zu wirken.
JETZT leben wir unser Leben.

DANKE

Mick, Liebe wird gegeben. Wir haben keinen Einfluss darauf. Der bisherige Weg war, wie Wege nun mal sind, steinig und hart, dennoch außergewöhnlich. Zu jeder Zeit war und ist er getragen von Liebe, Du hast Deine Flügel ausgebreitet und mich an den Rand des Abgrunds geführt, damit ich endlich fliegen kann.

JETZT fliegen wir zusammen.

Unsere Liebe ist so alt wie die Zeit.

Ihr Zwei seid meine Familie.

Ihr ward meine größte Transformationskraft.

Ich liebe Euch bis zu den Sternen und zurück.

DANKE

Kerstin für Deine Seelenkunst.

Du hast mir Mut gemacht, mir bedingungslose Liebe und Unterstützung in schweren Zeiten geschenkt.

Danke für Dein Sein.

DANKE

Alexander, mein Lehrer der hohen alten Heilkunst. Du hast in den schwersten Momenten meine Seele zurückgeholt und meine Kraft wieder neu erweckt. Danke für alles, was Du mich gelehrt hast. Спасибо

DANKE

Andrea, meine Soulsister, Du hast mich immer bestärkt meinen Weg weiterzugehen.

Bei Dir bin ich immer zu Hause und auch ganz dunkle Momente sind mit Dir zusammen wieder lichtvoll geworden. Unsere Verbundenheit überwindet Zeit und Raum, sie ist uralt.

DANKE
Carola, meine Götterbotin, meine beste Schülerin. Du hast ein großes Herz. Es ist eine Freude zu sehen, wie es ist, wenn Samenkörner auf fruchtbaren Boden fallen. Durch Dein Sein weiß ich, dass mein Weg richtig und wahr ist.

DANKE
Isabel und Kai, Silke, Melanie für Eure Liebe und Obdach, materielle und immaterielle Unterstützung nach jedem Hurrikan. Mit Eurer Hilfe war es möglich geschützt wieder durchzustarten.

DANKE
Kerstin, Anja, Susanne für Eure materielle Hilfe, Das tapfere Durchhalten der Durststrecke und das Vertrauen, das am Ende alles gut ist.

DANKE
Birgit und Dieter, für Euren Glauben an mich. Die ideelle und materielle Unterstützung.
Birgit, du Visionärin, zeigst mir, dass es sich lohnt für seine Träume einzustehen und an sich zu glauben. Egal, wie hoch die Wellen schlagen, Du gibst bedingungslose Unterstützung und bist ein sicherer Hafen.
Alles ist bestimmt. Auch dass wir uns in diesem
Leben wiedergetroffen haben.

DANKE
Susanne und Karin, Ihr seid mein Aufbruch in die neue Zeit. Geben und Nehme hat einen neuen Klang, eine andere Dynamik. Direkt und klar im mit und füreinander Sein. Egal welche Herausforderung. Mit euch hat die Wende begonnen.
Es ist pure Freude.

DANKE
Nena, Du hast meine Gedichte geliebt. Als Du Dich auf den Heimweg gemacht hast und in Liebe alles Gepäck mitnahmst, was ich in diesem Leben nicht mehr brauchte, hast Du mir das größte Geschenk von allen Gemacht:
Die Freiheit des Seins.
JETZT lebe ich sie.

DANKE
Anke für Dein großes Herz. Der Gleichklang unserer Herzen bewegt Welten. Du hast die Brücke gebaut, die dieses Buch den Menschen bringt. Welches Glück, welches Geschenk.
Ubuntu.

Danke aus tiefstem Herzen
Kristina Katana

Über die Autorin

Kristina Katana wurde 1962 in Hannover geboren.
Mit 4 Jahren lernte sie bereits Klavierspielen und damit war der Grundstein für das Resonanzfeld gelegt, denn sie liebte allen voran Mozart. Dafür ist sie sehr dankbar, denn ihr Lebensweg wurde von schweren Schicksalsschlägen begleitet, und sie hatte so immer einen Kanal, um sich zu klären.
Als 1987 ihre Tochter auf die Welt kam, ahnte sie nur, welch magische Unterstützung ihr an die Seite gestellt wurde.
Mitte der 90er Jahre fand sie die Liebe, die ihr die Tür in eine neue Dimension öffnete.
Ihre hellsichtigen Gaben, die sie in dieses Leben mitgebracht hatte, sollten sich jetzt entfalten. So wurde der Rohdiamant geschliffen und ein Hochkaräter entstand.
Sie selbst sagt: "Ohne die Bereitschaft mich selbst zu heilen, das tiefe Vertrauen in den Weg, die bedingungslose Liebe für alles was ist, die Kraft des Lichtes, wären all die Ausbildungen und Weiterentwicklungen nur Formen ohne wahren Inhalt."
Kristina Katana ist Liebe pur.

Als ihr 2015 eine kostbare Essenz in die Hände fiel, hatte sie eine Vision. Dieser Vision folgend entstand das Buch „Herzflamme".

Sie hält Vorträge, macht Einzel-Coachings und Heilbehandlungen.